Karl-Heinz Heihse

Lexikon
der verschwindenden Wörter

777 Wörter,
die immer seltener benutzt werden

Edition Jakob Sonnberg

Das hier Geschriebene stellt die Meinung des
Autoren dar und erhebt an keiner Stelle den An-
spruch vollständig zu sein oder einer wissen-
schaftlichen Analyse zu entstammen.

Am Anfang war das Wort, am Ende war es fort.

Ulrich Erckenbrecht

Herstellung und Verlag:
BoD - Books on Demand, Norderstedt
ISBN 978-3-7448-3711-8

Vorwort

Unsere Sprache ist einem steten Wandel unterworfen. Immer wieder verschwinden Wörter, andere kommen neu hinzu. Das war schon immer so, es handelt sich also nicht um eine Erscheinung, die es erst in den letzten Jahren gibt.

Dafür gibt es verschiedene Gründe. Zuerst sind da gerade vorherrschende Moden. Irgendjemand bringt ein neues Wort oder eine Formulierung hervor, anderen gefällt dies, und sie übernehmen diese dann. Alte Begriffe, die vorher stattdessen in Verwendung waren, verschwinden dann mehr oder minder schnell in der Versenkung.

Andere Wörter verschwinden, weil man sie nicht mehr für politisch korrekt hält. Auch hierfür musste es dann natürlich einen neuen Begriff geben, der den alten ersetzte. Ein bekanntes Beispiel hierfür ist der Schokokuss, der den Negerkuss oder Mohrenkopf abgelöst hat.

Und schließlich steht heute nicht nur die Sprache nie still. Auch sonst gibt es viele neue Dinge, die eine neue Bezeichnung brauchen, die dann in den allgemeinen Sprachgebrauch übergeht. Bekannte Beispiele hierfür sind der Computer oder auch das Internet. Eine Schreibmaschine oder die Wählscheibe eines Telefons benutzt stattdessen fast niemand mehr, so dass deshalb diese Wörter dann immer mehr in der Versenkung verschwinden.

Diesen Wörtern, die mehr oder weniger schnell verschwinden, widmet sich dieses Wörterbuch. Der Schwerpunkt liegt hierbei bei den Wörtern, die irgendwann in den letzten rund fünfzig Jahren durchaus noch in Gebrauch waren, deren Verbreitung aber dann aus einem der oben genannten Gründe immer geringer geworden ist oder die gerade dabei sind, an Bedeutung zu verlieren.

Es geht hier also nicht darum, schon verschwundene Wörter aufzulisten, die kaum noch jemand kennt. Vielmehr sind viele dieser Wörter noch recht bekannt und klingen für einen Zuhörer nicht exotisch, wenn sie verwendet werden. Dennoch lässt sich bei genauer Beobachtung erkennen, dass diese Wörter weiter an Bedeutung verlieren werden.

Viele dieser Wörter begegnen uns noch in Büchern oder älteren Filmen. Wir stocken nicht, wenn wir sie lesen oder hören. In der Alltagssprache hören wir sie aber nicht mehr allzu oft, und wenn wir uns selbst beobachten, können wir auch erkennen, dass wir diese Wörter selbst so gut wie nicht mehr verwenden. Wenn der Gebrauch noch seltener wird, ist zu erwarten, dass in Zukunft aufwachsende Kinder doch über solche Begriffe stolpern werden, wenn sie diese hören.

Diesen Wörtern möchte ich mit diesem Buch eine vielleicht schon bald letzte Heimstatt geben, damit sie nicht vergessen werden. Und vielleicht findet ja sogar ein Leser oder eine Leserin Gefallen an einem der Wörter und nimmt es tatsächlich wieder in den aktiven Wortschatz auf. Wenn dieses Buch dies erreichen sollte, ist dies mehr, als ich beim Zusammentragen der Wörter erwarten durfte.

Und nun wünsche ich Ihnen viel Spaß und viel Wiedererkennen beim Stöbern in den verschwindenden Wörtern, zu denen jeweils eine kurze Beschreibung beigefügt ist.

Abakus
<Substantiv, Maskulinum>
mechanisches Rechenhilfsmittel

Abbitte
<Substantiv, Femininum>
Bitte um Vergebung einer Schuld

Abdeckerei
<Substantiv, Femininum>
Anlage zur Tierkörperverwertung und -beseitigung

abgefeimt
<Adjektiv>
gerissen, bauernschlau

abhold
<Adjektiv>
abgeneigt

abkupfern
<Verb>
abschreiben, kopieren

Abort
<Substantiv, Maskulinum>
Toilette, Klo

Adamskostüm
<Substantiv, Neutrum>
im Adamskostüm: nackter Mann

Adonis
<Substantiv, Maskulinum>
schöner Jüngling

adrett
<Adjektiv>
ordentlich, gefällig

Advokat
<Substantiv, Maskulinum>
Rechtsanwalt

Affenzahn
<Substantiv, Maskulinum>
hohe Geschwindigkeit

After
<Substantiv, Maskulinum>
Darmausgang, Anus

Ahle
<Substantiv, Femininum>
einfaches Werkzeug zum Stechen von Löchern

Akustikkoppler
<Substantiv, Maskulinum>
Gerät zur Übertragung von digitalen Daten

Alkoven
   <Substantiv, Maskulinum>
   Wandnische mit Bett

alldieweil
   <Adverb>
   währenddessen

alsbald
   <Adverb>
   in Kürze

altbacken
   <Adjektiv>
   altmodisch, veraltet

angelegentlich
   <Adjektiv>
   nachdrücklich

Anger
   <Substantiv, Maskulinum>
   gemeindeeigene Wiese innerhalb eines Ortes

anheimelnd
   <Adjektiv>
   behaglich, gemütlich

anheischig
   <Adjektiv>
   [sich] anbietend, anbiedernd

anmaßend
<Adjektiv>
überheblich, ausgesprochen selbstbewusst

Ansinnen
<Substantiv, Neutrum>
Bitte, Gesuch

Anstandsdame
<Substantiv, Femininum>
ältere Frau, die eine jüngere Frau begleitete, um Anstand und Moral sicherzustellen, besonders bei Begegnungen mit jungen Männern

apart
<Adjektiv>
reizend, geschmackvoll

arg
<Adjektiv>
schlimm, böse

argwöhnen
<Verb>
mit Misstrauen ahnen

Atombusen
<Substantiv, Maskulinum>
große weibliche Brust

Attitüde
<Substantiv, Femininum>
affektiert wirkende, gekünstelte Haltung

aufbrausen
<Verb>
sich stark erregen, sich ärgern

aufplustern
<Verb>
sich wichtigtun

Aufwartefrau
<Substantiv, Femininum>
bezahlte, weibliche Haushaltshilfe

Aufzugführer
<Substantiv, Maskulinum>
jemand, der für die zu befördernden Personen
den Aufzug bedient

Augenschirm
<Substantiv, Maskulinum>
Schutzschirm, der oberhalb der Augen getragen wird, um diese zu schützen

ausbaldowern
<Verb>
etwas für einen Plan auskundschaften

ausbedingen

<Verb>

zur Bedingung machen

ausbüxen

<Verb>

weglaufen, abhauen

ausklamüsern

<Verb>

durch Nachdenken oder Ausprobieren heraus-
finden

Aussteuer

<Substantiv, Femininum>

Haushaltsausstattung, die von den Eltern der
Frau in die Ehe mitgegeben wird, Mitgift

Backes
<Substantiv, Maskulinum>
Haus, in dem gemeinschaftlich gebacken wird

Backfisch
<Substantiv, Maskulinum>
heranwachsende, weibliche Jugendliche

Backpfeife
<Substantiv, Femininum>
Schlag auf die Wange

Badekappe
<Substantiv, Femininum>
Kopfbedeckung zum Schutz der Haare beim Schwimmen

Balg
<Substantiv, Maskulinum und Neutrum>
ungezogenes oder ungewolltes Kind

Bambule
<Substantiv, Femininum>
ausgelassenes Treiben

Bandsalat
<Substantiv, Maskulinum>
verheddertes Magnetband eines Tonbands oder einer Kassette

bangen
<Verb>
Angst um etwas oder jemand haben

Bankert
<Substantiv, Maskulinum>
uneheliches Kind

Bankett
<Substantiv, Neutrum>
unbefestigter Seitenstreifen einer Straße

bärbeißig
<Adjektiv>
mürrisch, unfreundlich

Barbier
<Substantiv, Maskulinum>
Bartschneider und -pfleger

barhäuptig
<Adjektiv>
ohne Hut

bass
<Adverb>
sehr

Batzen
<Substantiv, Maskulinum>
größeres Stück

bauchpinseln
  <Verb>
  schmeicheln

Bauernfänger
  <Substantiv, Maskulinum>
  betrügerischer Mensch

Beatmusik
  <Substantiv, Femininum>
  Musikrichtung der 60er-Jahre, Pop- und Rock-
  musik mit Gitarre

Beau
  <Substantiv, Maskulinum>
  schöner Mann

becircen
  <Verb>
  verführen, betören

bedeutungsschwanger
  <Adjektiv>
  von scheinbar tieferer Bedeutung

beflissen
  <Adjektiv>
  eifrig bemüht, etwas richtig zu machen

behaglich
<Adjektiv>
gemütlich, bequem

behelligen
<Verb>
belästigen

beherzt
<Adjektiv>
mutig, couragiert

Behuf
<Substantiv, Maskulinum>
Zweck

beileibe
<Adverb>
in der Tat, durchaus

bekriteln
<Verb>
kleinlich kritisieren

bekümmert
<Adjektiv>
traurig, voller Sorgen

beleibt
<Adjektiv>
dick

berappen
<Verb>
ungern bezahlen

Berserker
<Substantiv, Maskulinum>
tobsüchtiger Mensch

bestrickend
<Adjektiv>
bezaubernd, einnehmend

betagt
<Adjektiv>
alt

Betschwester
<Substantiv, Femininum>
Frau, die oft in die Kirche geht

Bettstatt
<Substantiv, Femininum>
Bett, Schlafstelle

betucht
<Adjektiv>
reich, wohlhabend

bigott
<Adjektiv>
scheinheilig; übertrieben fromm

Billett
<Substantiv, Neutrum>
Fahrkarte, Eintrittskarte

bisweilen
<Adverb>
ab und zu

blasiert
<Adjektiv>
eingebildet, überheblich

Blümchenkaffee
<Substantiv, Maskulinum>
dünner Kaffee

Blumenkind
<Substantiv, Neutrum>
Hippie

blümerant
<Adjektiv>
unwohl, übel

Bohei
<Substantiv, Maskulinum und Neutrum>
Aufsehen, Aufheben

Bordsteinschwalbe
<Substantiv, Femininum>
Prostituierte, die am Straßenrand auf Kunden
wartet

Bordüre
<Substantiv, Femininum>
Borte, verzierte Kante an Stoffen

borgen
<Verb>
leihen

Born
<Substantiv, Maskulinum>
Brunnen

Börse
<Substantiv, Femininum>
Portemonnaie, Geldbeutel

bräsig
<Adjektiv>
träge, lustlos, schwerfällig

Bredouille
<Substantiv, Femininum>
unangenehme Lage

Brillantine
<Substantiv, Femininum>
flüssiges Haarpflegeprodukt aus parfümiertem
Mineralöl

Brimborium
<Substantiv, Neutrum>
unnötiges Drumherum

Brosame
<Substantiv, Femininum>
Krümel, Brösel

brüsten
<Verb>
mit seinen eigenen Leistungen oder Erfolgen
prahlen

Brustton
<Substantiv, Maskulinum>
große Deutlichkeit

Bummelzug
<Substantiv, Maskulinum>
Zug, der an jeder Station hält

bumsen
<Verb>
Geschlechtsverkehr haben

bumsfidel
  <Adjektiv>
  fröhlich, gut gelaunt

bunkern
  <Verb>
  zurücklegen, aufbewahren

Büttel
  <Substantiv, Maskulinum>
  Gerichtsbote; obrigkeitshöriger Mensch

Butze
  <Substantiv, Femininum>
  Wandbett

charmant
 <Adjektiv>
 freundlich, liebenswürdig

chic
 <Adjektiv>
 elegant gekleidet

Chuzpe
 <Substantiv, Femininum>
 zielgerichtete Dreistigkeit, Unverfrorenheit

Conferencier
 <Substantiv, Maskulinum>
 eleganter Ansager bei einer Veranstaltung

Coupon
 <Substantiv, Maskulinum>
 einlösbarer Beleg auf Zettel, beispielsweise für
 Rabatte, Zinsen; Beleg

Courage
 <Substantiv, Femininum>
 Mut, Zutrauen, Beherztheit

Cutaway
 <Substantiv, Maskulinum>
 festlicher Herrenanzug, Gehrock

dalli
<Adverb>
schnell, eilig

Damenwahl
<Substantiv, Femininum>
Umkehr der klassischen Form, bei der statt
der Männer die Frauen zum Tanz auffordern

Dampfross
<Substantiv, Neutrum>
Dampflokomotive

Dandy
<Substantiv, Maskulinum>
modisch gekleideter Mann

darob
<Adverb>
deswegen

Daumenkino
<Substantiv, Neutrum>
Aufblätterbuch, das eine Bildersequenz als
fortlaufende Bildfolge zeigt

deklamieren
<Verb>
einen Text auf übertriebene Weise vortragen

Depesche
  <Substantiv, Femininum>
  Eilnachricht, Telegramm

derweil
  <Adverb>
  währenddessen

Deut
  <Substantiv, Maskulinum>
  etwas Wertloses, ein Nichts

Dickstrichkette
  <Substantiv, Femininum>
  erste offizielle Bezeichnung für den Zebrastreifen

Diener
  <Substantiv, Maskulinum>
  Verbeugung

Dirne
  <Substantiv, Femininum>
  Prostituierte

Diskette
  <Substantiv, Femininum>
  dünner, tragbarer Datenträger

Diskothek
<Substantiv, Femininum>
Tanzlokal, Club

diskreditieren
<Verb>
das Ansehen von jemand schädigen

Diwan
<Substantiv, Maskulinum>
Liegesofa

Donnerbalken
<Substantiv, Maskulinum>
frühere Toilette mit Holzbalken als Sitzgelegenheit

drall
<Adjektiv>
dicklich, rundlich

dräuen
<Verb>
androhen

Dreikäsehoch
<Substantiv, Maskulinum>
kleines Kind

Drillich
<Substantiv, Maskulinum>
dichte Arbeitskleidung

drollig
<Adjektiv>
nett, niedlich

Droschke
<Substantiv, Femininum>
von Pferden gezogenes oder motorbetriebenes
Taxi

Drucksache
<Substantiv, Femininum>
gedruckte Mitteilung für den Postversand zu
ermäßigter Gebühr

Drüse
<Substantiv, Femininum>
Organ, das Körpersäfte ausscheidet

dufte
<Adjektiv>
wunderbar, ausgezeichnet

Dünnbrettbohrer
<Substantiv, Maskulinum>
dümmlicher Mensch; Mensch, der mit wenig
Aufwand viel erreichen möchte

Düsenflieger

<Substantiv, Maskulinum>
Flugzeug, das mittels Strahltriebwerk fliegt

Edelmut
<Substantiv, Maskulinum>
Anständigkeit ohne egoistische Motive

Eidam
<Substantiv, Maskulinum>
Schwiegersohn

Eiland
<Substantiv, Neutrum>
kleine Insel

eindringlich
<Adjektiv>
mit großer Überzeugungskraft

eingedenk
<Präposition>
wegen, aufgrund

einstweilen
<Adverb>
unterdessen, in der Zwischenzeit

Eleve
<Substantiv, Maskulinum>
Schüler

Ellbogenschoner
<Substantiv, Maskulinum>
meist von Kaufleuten über den Ärmel gezogener Schutz für die Kleidung

emsig
<Adjektiv>
fleißig, eifrig

Engelmacherin
<Substantiv, Femininum>
Frau, die illegal Schwangerschaftsabbrüche vornimmt

ergo
<Adverb>
also

erpicht
<Adjektiv>
versessen

Erquickung
<Substantiv, Femininum>
Erfrischung, Wohltat

Eskapade
<Substantiv, Femininum>
eigenwillige Handlung

Etikette

<Substantiv, Femininum>
Regelwerk der Umgangsformen

Fahrensmann
<Substantiv, Maskulinum>
jemand, der regelmäßig auf See unterwegs ist

fahrig
<Adjektiv>
unkontrolliert, nervös

Fahrkartenlocher
<Substantiv, Maskulinum>
Gerät, mit dem ein Loch in eine Fahrkarte gemacht wurde, um diese zu entwerten

Fahrtenmesser
<Substantiv, Neutrum>
Messer, das auf Wanderungen oder Fahrten verwendet wird

Faktotum
<Substantiv, Neutrum>
jemand, der schon so lange irgendwo tätig ist, dass er schon fast zur Einrichtung zählt

famos
<Adjektiv>
großartig, fabelhaft

Fant
<Substantiv, Maskulinum>
unreifer Mensch

fegen
  <Verb>
  kehren

Fehde
  <Substantiv, Femininum>
  lang andauernder Streit

feist
  <Adjektiv>
  unangenehm dick oder fett

feixen
  <Verb>
  schadenfroh und grinsend lachen

Fernsehansagerin
  <Substantiv, Femininum>
  Frau, die in Fernsehen oder Radio Sendungen
  an- oder absagt

Fernsehballett
  <Substantiv, Neutrum>
  Ballettgruppe, die in Unterhaltungsshows im
  Fernsehen auftritt

Fersengeld
  <Substantiv, Neutrum>
  Fersengeld geben: fortlaufen, fliehen

fesch
<Adjektiv>
gut aussehend

Fete
<Substantiv, Femininum>
Party, Feier

fetzig
<Adjektiv>
mitreißend, toll

Figaro
<Substantiv, Maskulinum>
Friseur

Fingerhut
<Substantiv, Maskulinum>
Metallkappe, die beim Nähen zum Schutz des
Fingers über die Fingerkuppe gestülpt wird

Firlefanz
<Substantiv, Maskulinum>
überflüssiges Zeug, Spinnerei

Firmament
<Substantiv, Neutrum>
Himmel, Himmelszelt

fix
  <Adjektiv>
  schnell, flink

Flaneur
  <Substantiv, Maskulinum>
  genießender Spaziergänger

flapsig
  <Adjektiv>
  mit schlechten Manieren

Flegel
  <Substantiv, Maskulinum>
  junger Mann, der sich ungezogen und unhöf-
  lich benimmt

Flickschuster
  <Substantiv, Maskulinum>
  Stümper, Pfuscher

flippig
  <Adjektiv>
  flott, etwas verrückt

Flötentöne
  <Substantiv, Pluralwort>
  umgangssprachlich für Benehmen (jemand
  Flötentöne beibringen)

Flüstertüte

<Substantiv, Femininum>
Megafon

Foliant

<Substantiv, Maskulinum>
großes, schweres Buch

foppen

<Verb>
jemanden hinters Licht führen

forsch

<Adjektiv>
selbstbewusst, energisch

Frauenzimmer

<Substantiv, Neutrum>
Frau oder Mädchen

Frechdachs

<Substantiv, Maskulinum>
ungezogenes Kind

freien

<Verb>
um eine Frau werben

Fressalien

<Substantiv, Pluralwort>
Lebensmittel, Verpflegung

Freudenmädchen
<Substantiv, Neutrum>
Prostituierte

frömmeln
<Verb>
sich übertrieben religiös verhalten

Froschmann
<Substantiv, Maskulinum>
Taucher mit Ausrüstung

fulminant
<Adjektiv>
großartig, imposant, überwältigend

fürderhin
<Adverb>
außerdem, darüber hinaus

Furie
<Substantiv, Femininum>
rasend wütende Frau

fürwitzig
<Adjektiv>
vorwitzig

Galan
<Substantiv, Maskulinum>
herausgeputzter Mann, der sich um Damen bemüht

Galgenvogel
<Substantiv, Maskulinum>
jemand, der zu nichts taugt und sich auch nicht immer an die geltenden Gesetze hält

Galosche
<Substantiv, Femininum>
Pantoffel, Hausschuh

Gammler
<Substantiv, Maskulinum>
Jugendlicher, der das Bürgertum ablehnt und daher nicht arbeitet und auch keinen Wert auf sein Äußeres legt

Gänsefüßchen
<Substantiv, Neutrum>
Anführungszeichen zur Kennzeichnung wörtlicher Rede in einem Text

garstig
<Adjektiv>
unfreundlich, böse

Gassenhauer
<Substantiv, Maskulinum>
bekanntes und überall gesungenes Lied

Gazette
<Substantiv, Femininum>
Zeitung, Presseerzeugnis

Geck
<Substantiv, Maskulinum>
auffallend modisch gekleideter Mann

Gefährte
<Substantiv, Maskulinum>
durch Schicksal oder Zuneigung verbundener
Mensch

geflissentlich
<Adjektiv>
sorgfältig

gehörnt
<Adjektiv>
durch den Partner betrogen

Gelichter
<Substantiv, Neutrum>
Gesindel, schlechte Gesellschaft

gellend
<Adjektiv>
laut und schrill

Gendarm
<Substantiv, Maskulinum>
Polizist

geritzt
<Adjektiv>
ausgemacht, abgemacht

Gernegroß
<Substantiv, Maskulinum>
jemand, der prahlt als wäre er größer als er ist

Geschmeide
<Substantiv, Neutrum>
wertvoller Schmuck

geschniegelt
<Adjektiv>
fein zurechtgemacht

geschwind
<Adjektiv>
schnell, in kurzer Zeit

Gesellschafterin
<Substantiv, Femininum>
Angestellte in einem Haus, die zur Begleitung
und Unterhaltung beschäftigt wird

Gespons
<Substantiv, Maskulinum>
Ehepartner

Gevatter
<Substantiv, Maskulinum>
Taufpate

gewahr
<Adjektiv>
gewahr werden=etwas zur Kenntnis nehmen

Gewese
<Substantiv, Neutrum>
Gebaren, auffälliges Verhalten

gewiss
<Adjektiv>
sicher, zweifellos

gewitzt
<Adjektiv>
geschickt, schlau

Gigolo
<Substantiv, Maskulinum>
junger Mann, der sich gegen amouröse Gefäl-
ligkeiten von meist älteren Frauen aushalten
lässt

Gimpel
<Substantiv, Maskulinum>
einfältiger Mensch

girrend
<Adjektiv>
gefühlvoll oder verführerisch sprechend

gleichmütig
<Adjektiv>
ruhig, unerschütterlich

Glimmstängel
<Substantiv, Maskulinum>
Zigarette

glorios
<Adjektiv>
glanzvoll

goutieren
<Verb>
gutheißen, schätzen

Gouvernante
<Substantiv, Femininum>
Frau, die sich im Hause der Kinder um deren Erziehung und schulische Ausbildung kümmert

Gram
<Substantiv, Maskulinum>
tiefer Kummer

Graupe
<Substantiv, Femininum>
geschältes Weizen- oder Gerstenkorn

Greenhorn
<Substantiv, Neutrum>
Neuling mit wenig Erfahrung

grienen
<Verb>
höhnisch lächeln

Griesgram
<Substantiv, Maskulinum>
mürrischer Mensch

Griffel
<Substantiv, Maskulinum>
Schreibgerät zum Beschreiben einer Schiefertafel

Grillen
  <Substantiv, Femininum>
  dumme Gewohnheiten, Launen

grobschlächtig
  <Adjektiv>
  von plumper Gestalt

Gros
  <Substantiv, Neutrum>
  überwiegender Teil (einer Gruppe)

Groschen
  <Substantiv, Maskulinum>
  Zehn-Pfennig-Stück (Münze)

großjährig
  <Adjektiv>
  volljährig

Großkotz
  <Substantiv, Maskulinum>
  Angeber, der seine Leistungen regelmäßig in
  den Vordergrund stellt

Großmut
  <Substantiv, Maskulinum>
  tolerante Großzügigkeit

Grossist
<Substantiv, Maskulinum>
Großhändler

Grünschnabel
<Substantiv, Maskulinum>
Neuling, unerfahrener Mensch

Gummiadler
<Substantiv, Maskulinum>
zähes Brathähnchen

Gummitwist
<Substantiv, Maskulinum und Neutrum>
Kinderspringspiel mit einem Hosengummi

guttural
<Adjektiv>
mit kehliger Stimme

Habitus
<Substantiv, Maskulinum>
Erscheinungsbild eines Menschen

hadern
<Verb>
mit jemand unzufrieden sein und streiten

Hagestolz
<Substantiv, Maskulinum>
eingefleischter Junggeselle, von anderen als kauzig angesehen

Hain
<Substantiv, Maskulinum>
Wäldchen, kleiner Wald

halbseiden
<Adjektiv>
unseriös

Hallodri
<Substantiv, Maskulinum>
unzuverlässiger, leichtfertiger Mann

halsstarrig
<Adjektiv>
eigensinnig, bockig

Handkuss
<Substantiv, Maskulinum>
vollendeter oder angedeuteter Kuss eines Mannes auf den Handrücken einer Frau

hanebüchen
<Adjektiv>
auf kaum zu glaubende Weise unverfroren

Harmonium
<Substantiv, Neutrum>
Musikinstrument mit Tasten, das Töne durch Luftschwingungen erzeugt

Häscher
<Substantiv, Maskulinum>
jemand, der beauftragt wurde, einen anderen Menschen zu fangen

Hasenbrot
<Substantiv, Neutrum>
Butterbrot, das eigentlich für unterwegs gedacht war, bei der Rückkehr aber noch übrig ist

Hasenfuß
<Substantiv, Maskulinum>
Angsthase, Feigling

hasenrein
<Adjektiv>
einwandfrei, unverdächtig

hausbacken
<Adjektiv>
schlicht, einfach

Hausdrachen
<Substantiv, Maskulinum>
streitlustige Ehefrau

Hausmädchen
<Substantiv, Neutrum>
angestellte Haushilfe, die auch im Haushalt
wohnt

Hausmantel
<Substantiv, Maskulinum>
Morgenrock, Morgenmantel

Hausvater
<Substantiv, Maskulinum>
Leitende Person eines Hauses, in dem andere
Menschen zeitweise untergebracht sind

Heiermann
<Substantiv, Maskulinum>
Fünf-Mark-Stück, Münze

heimelig
    <Adjektiv>
    behaglich, gemütlich

Henkelmann
    <Substantiv, Maskulinum>
    Blechbehälter zum Verpacken zubereiteter
    Speisen, die ohne Umfüllen darin aufgewärmt
    werden können

Herrengedeck
    <Substantiv, Neutrum>
    Getränkekombination aus Bier und Korn

Hieb
    <Substantiv, Maskulinum>
    heftiger Schlag

hochnotpeinlich
    <Adjektiv>
    sehr gründlich, sehr streng

Höhensonne
    <Substantiv, Femininum>
    Gerät zur Erzeugung von UV-Strahlung

Holzklasse
    <Substantiv, Femininum>
    billigste (dritte) Klasse in einem Zug

Hörer
<Substantiv, Maskulinum>
Teil eines Telefons, das man ans Ohr hält und
in das hineingesprochen wird

Hosenmatz
<Substantiv, Maskulinum>
kleines Kind mit Latzhose

Humpen
<Substantiv, Maskulinum>
Bierkrug mit Deckel

hurtig
<Adjektiv>
schnell, mit hoher Geschwindigkeit

illegitim
<Adjektiv>
unehelich

Imme
<Substantiv, Femininum>
Biene

impertinent
<Adjektiv>
unverschämt, herausfordernd

indem
<Konjunktion>
1. während; 2. dadurch

indessen
<Konjunktion>
währenddessen

ingrimmig
<Adjektiv>
zornig, grimmig

inständig
<Adjektiv>
nachdrücklich, flehend

Irrenanstalt
<Substantiv, Femininum>
psychiatrische Klinik

Jetset
<Substantiv, Neutrum>
Gesellschaftsschicht mit viel Geld, die sich oft
an exklusiven Orten rund um die Welt trifft

Jolle
<Substantiv, Femininum>
kleines Segelboot

jovial
<Adjektiv>
betont wohlwollend

Joystick
<Substantiv, Maskulinum>
Eingabegerät für Computer und Spielekonso-
len

Jukebox
<Substantiv, Femininum>
Automat, der nach Geldeinwurf Musik von
Platten abspielt

Jungfer
<Substantiv, Femininum>
unverheiratete Frau

Junggeselle
<Substantiv, Maskulinum>
unverheirateter Mann

Jungspund
<Substantiv, Maskulinum>
unerfahrener, junger Mensch

justament
<Adverb>
genau jetzt

Jux
<Substantiv, Maskulinum>
Scherz, Spaß

kabbeln
<Verb>
sich harmlos streiten

Kabuff
<Substantiv, Neutrum>
kleiner Nebenraum oder Abstellraum

Kadi
<Substantiv, Maskulinum>
Gericht

Kaffeekränzchen
<Substantiv, Neutrum>
Treffen mehrerer Frauen, bei dem Kaffee ge-
trunken wird

Kalamität
<Substantiv, Femininum>
Verlegenheit, schwierige Situation

Kalebasse
<Substantiv, Femininum>
aus Kürbissen hergestelltes Gefäß mit länge-
rem Hals

Kalesche
<Substantiv, Femininum>
leichte Reisekutsche mit Verdeck

Kaltmamsell
<Substantiv, Femininum>
Angestellte in Gaststätten, die für die Zubereitung kalter Speisen verantwortlich ist

Kämmerer
<Substantiv, Maskulinum>
Verantwortlicher für Finanzen in einer Kommune

Kandelaber
<Substantiv, Maskulinum>
mehrarmiger Leuchter

Kapriole
<Substantiv, Femininum>
verrückter Streich

Karacho
<Substantiv, Neutrum>
hohe Geschwindigkeit

Kartei
<Substantiv, Femininum>
Sammlung von geordneten Karten mit Daten

Karzer
<Substantiv, Maskulinum>
Raum in Universitäten und Schulen, in dem Strafen abzusitzen sind

Kaschemme

<Substantiv, Femininum>
zwielichtige Gaststätte

Käsekästchen

<Substantiv, Neutrum>
Strategiespiel, das mit Papier und Stift gespielt
wird

Kassenschlager

<Substantiv, Maskulinum>
gut verkaufter Artikel

Kasserolle

<Substantiv, Femininum>
flacher Topf mit steilem Rand

Kastanienmännchen

<Substantiv, Neutrum>
gebastelte Figur aus Kastanien und Streichhöl-
zern

katzbuckeln

<Verb>
unterwürfig sein

Katzenwäsche

<Substantiv, Femininum>
kurze und wenig gründliche Körperpflege

Kehre

<Substantiv, Femininum>
Kurve einer Straße

keifen

<Verb>
mit schriller Stimme schimpfen

Kernseife

<Substantiv, Femininum>
aus Fetten geringerer Qualität gewonnenes
Körperreinigungsmittel

Kesselflicker

<Substantiv, Maskulinum>
Handwerker, der Kessel repariert

kicken

<Verb>
Fußball spielen

Kinderstunde

<Substantiv, Femininum>
Sendezeit am Nachmittag, die zu Zeiten, als es
nur die Öffentlich-Rechtlichen Sender gab,
Sendungen für Kinder vorbehalten war

Kindeskind

<Substantiv, Neutrum>
Enkel

Kintopp
<Substantiv, Maskulinum und Neutrum>
Kino für einfache Leute

kirre
<Adjektiv>
nervös, genervt

Kittchen
<Substantiv, Neutrum>
Gefängnis, Strafvollzugsanstalt

Klafter
<Substantiv, Maskulinum und Neutrum>
Raummaß für Holz

Klause
<Substantiv, Femininum>
kleine Wohnung

kleckerweise
<Adverb>
langsam und mehrmals unterbrochen

kleinmütig
<Adjektiv>
entschlusslos, ohne Selbstvertrauen

Klepper
<Substantiv, Maskulinum>
minderwertiges Pferd

Knabe
<Substantiv, Maskulinum>
männliches Kind, Junge

Kneifer
<Substantiv, Maskulinum>
Brille ohne Bügel, die auf die Nase geklemmt
wird

Knickebein
<Substantiv, Maskulinum>
Eierlikör, zum Beispiel als Füllung in Pralinen

knickrig
<Adjektiv>
geizig

Knicks
<Substantiv, Maskulinum>
Respektbezeigung oder Gruß durch Mädchen
oder Frauen

Kniff
<Substantiv, Maskulinum>
Trick, Dreh

knipsen
<Verb>
fotografieren

Knirps
<Substantiv, Maskulinum>
kleiner Junge

Kofferradio
<Substantiv, Neutrum>
tragbares Radio mit eingebautem Lautsprecher

kokett
<Adjektiv>
anderen gefallen wollend

Kokolores
<Substantiv, Maskulinum>
Unfug, unsinniges Gerede

Kokotte
<Substantiv, Femininum>
feine, vornehme Prostituierte

kolportieren
<Verb>
Gerüchte und nicht belegte Informationen verbreiten

komplimentieren
<Verb>
jemand mit höflichen Worten irgendwohin bringen

kompromittieren
<Verb>
dem Ansehen von jemand schaden, jemanden
bloßstellen

Konfekt
<Substantiv, Neutrum>
feine Praline

Konkubine
<Substantiv, Femininum>
Geliebte

Konterfei
<Substantiv, Neutrum>
Bild einer Person, meist des Gesichts

Kordhose
<Substantiv, Femininum>
Hose aus Cord

Korinthenkacker
<Substantiv, Maskulinum>
jemand, der es ganz genau nimmt

Korrespondenz
<Substantiv, Femininum>
Schriftverkehr, Briefwechsel

Korridor

<Substantiv, Maskulinum>
langgestreckter Innenraum eines Hauses; langgestreckter Landstrich

kratzfüßeln

<Verb>
sich bei jemand einschmeicheln

Kredenz

<Substantiv, Femininum>
Möbelstück mit Ablagefläche, Fächern und Schubladen

kredenzen

<Verb>
auftischen, servieren, anbieten

Krimskrams

<Substantiv, Maskulinum>
Ansammlung nutzloser Dinge

kurieren

<Verb>
jemanden behandeln und heilen

Kurschatten

<Substantiv, Maskulinum>
Person des anderen Geschlechts, mit dem man während einer Kur engen Kontakt pflegt

Kurtisane

<Substantiv, Femininum>
vornehme Geliebte

Kurzwaren

<Substantiv, Femininum>
Dinge, die beim Nähen benötigt werden

Labsal
<Substantiv, Neutrum>
etwas, das Erfrischung oder Stärkung bietet

Lackaffe
<Substantiv, Maskulinum>
arroganter und übertrieben modisch gekleideter Mann

Laffe
<Substantiv, Maskulinum>
eitler, junger Mann

Laib
<Substantiv, Maskulinum>
rundes und geformtes Ding, z.B. Brot

lamentieren
<Verb>
wehleidig klagen

Landpartie
<Substantiv, Femininum>
Ausflug aus der Stadt in eine ländliche Gegend

Landpomeranze
<Substantiv, Neutrum>
weibliche Person aus ländlicher Umgebung ohne Weltgewandtheit

lästerlich
<Adjektiv>
lästernd

Latrine
<Substantiv, Femininum>
behelfsmäßige Toilette

Laubsäge
<Substantiv, Femininum>
Werkzeug zum Sägen dünner Holzplatten

Lausebengel
<Substantiv, Maskulinum>
ungezogener Junge

lausig
<Adjektiv>
äußerst schlecht, nachlässig

lavieren
<Verb>
mit Geschick durch Schwierigkeiten hin-
durchfinden

Ledigenheim
<Substantiv, Neutrum>
Unterkunft für ledige, männliche Arbeiter

Leibesfrucht
   <Substantiv, Femininum>
   Embryo im Bauch einer schwangeren Frau

Leibesfülle
   <Substantiv, Femininum>
   Übergewicht

Leibrente
   <Substantiv, Femininum>
   wiederkehrende Zahlung, die bis zum Tod erhalten wird

Leibriemen
   <Substantiv, Maskulinum>
   Gürtel

Leichenbittermiene
   <Substantiv, Femininum>
   aufgesetzte, sehr traurige Gesichtszüge

leichthin
   <Adverb>
   ohne viel zu überlegen

leidlich
   <Adjektiv>
   nicht gut, aber auch nicht schlecht

Leisetreter
<Substantiv, Maskulinum>
durchsetzungsschwacher, mutloser Mann

Lenz
<Substantiv, Maskulinum>
Frühling

leugnen
<Verb>
lügen, etwas abstreiten

leutselig
<Adjektiv>
redefreudig

Liaison
<Substantiv, Femininum>
kürzeres Liebesverhältnis

liebedienern
<Verb>
schmeicheln

Liebeshändel
<Substantiv, Maskulinum>
werben um körperliche Liebe

Liebestöter
<Substantiv, Maskulinum>
lange Männerunterhose

liederlich
<Adjektiv>
unordentlich, nachlässig

Livree
<Substantiv, Femininum>
Dienerkleidung, ähnlich einer Uniform

Lobhudelei
<Substantiv, Femininum>
übertriebenes Lob, um sich einzuschmeicheln

Lockenwickler
<Substantiv, Maskulinum>
Rolle, um die eine Haarsträhne gewickelt wird,
damit sie lockig wird

logieren
<Verb>
für kurze Zeit irgendwo wohnen

Lohnstreifen
<Substantiv, Maskulinum>
Papierstreifen mit der Lohnabrechnung

Lohntüte
<Substantiv, Femininum>
Papiertüte für bar ausgezahlten Lohn

Löschblatt
<Substantiv, Neutrum>
saugfähiges Papierblatt, das das Trocknen der
Schreibflüssigkeit beschleunigen soll

Luder
<Substantiv, Neutrum>
durchtriebene Frau

Lulatsch
<Substantiv, Maskulinum>
großer, dünner Mensch

Lümmel
<Substantiv, Maskulinum>
unhöflicher Junge oder Mann

Lumpensammler
<Substantiv, Maskulinum>
Person, die wiederverwertbares Stoffmaterial
sammelt und weiterverkauft

lüstern
<Adjektiv>
begierig nach Sex oder anderen Genüssen

Lüstling
<Substantiv, Maskulinum>
Mann, der sehr an sexuellen Dingen interes-
siert ist

lustwandeln

<Verb>

gemütlich spazieren gehen

Lyzeum

<Substantiv, Neutrum>

Hochschule, Gymnasium

malade
<Adjektiv>
sich kränklich fühlen

Malheur
<Substantiv, Neutrum>
Unglück, Missgeschick

malochen
<Verb>
schwer arbeiten

Mammon
<Substantiv, Maskulinum>
Geld, Reichtum

Mangel
<Substantiv, Femininum>
Maschine mit Walzen, um Textilien zu glätten

mannigfaltig
<Adjektiv>
auf verschiedene Art, auf vielerlei Weise

Mär
<Substantiv, Femininum>
seltsame Erzählung

Marotte
<Substantiv, Femininum>
eigenartige Gewohnheit

maßregeln
<Verb>
nachdrücklich ermahnen, tadeln

Mätresse
<Substantiv, Femininum>
Geliebte eines verheirateten Mannes

Mauerblümchen
<Substantiv, Neutrum>
unscheinbares, unbeachtetes Mädchen

Maulheld
<Substantiv, Maskulinum>
Angeber, Prahler

Medley
<Substantiv, Neutrum>
Lied, das aus Versatzstücken anderer Lieder zu-
sammengesetzt wurde

Meier
<Substantiv, Maskulinum>
Verwalter, Pächter eines Hofes

Melkschemel
<Substantiv, Maskulinum>
einbeiniger Holzschemel, auf dem der Bauer
während des Kuhmelkens sitzt

Memme
<Substantiv, Femininum>
Feigling, furchtsamer Mensch

Meriten
<Substantiv, Neutrum>
Verdienst [Plural von Meritum]

meschugge
<Adjektiv>
etwas verrückt

Meuchelmörder
<Substantiv, Maskulinum>
jemand, der auf heimtückische Weise mordet

Midi-Rock
<Substantiv, Maskulinum>
Rock, der etwa bis zur Mitte der Wade reicht

Milchbubi
<Substantiv, Maskulinum>
unselbständiges Kind, junger und unreifer Mann

Milchkanne
<Substantiv, Femininum>
wiederverwendbarer Behälter mit Henkel für Milch

Milchmann
<Substantiv, Maskulinum>
Auslieferer bzw. Verkäufer von Milch an End-
verbraucher

Mimose
<Substantiv, Femininum>
empfindlicher Mensch

Mischpoke
<Substantiv, Femininum>
Verwandtschaft

Mohrenkopf
<Substantiv, Maskulinum>
Schokokuss, Schaumkuss

Mondscheintarif
<Substantiv, Maskulinum>
ermäßigte Telefongebühr für Anrufe zwischen
22 und 6 Uhr

Morgenrock
<Substantiv, Maskulinum>
Bekleidungsstück, das nach dem Aufstehen getragen wird

Moritat
<Substantiv, Femininum>
eintöniges Lied eines Bänkelsängers

Mottenfiffi
<Substantiv, Maskulinum>
Pelzmantel

Mumm
<Substantiv, Maskulinum>
Mut, Tatkraft

Mummenschanz
<Substantiv, Maskulinum>
Maskenfest

Mumpitz
<Substantiv, Maskulinum>
Unsinn, dummes Zeug

mürbe
<Adjektiv>
kraftlos

mürrisch
<Adjektiv>
unfreundlich, schlecht gelaunt

Nachthemd
<Substantiv, Neutrum>
längeres Wäschestück, das im Bett getragen
wird

Nagelprobe
<Substantiv, Femininum>
Prüfung, bei der sich erweisen muss, was jemand kann

nassforsch
<Adjektiv>
übertrieben energisch

necken
<Verb>
auf nette Art ärgern

Negerkuss
<Substantiv, Maskulinum>
Schokokuss, Schaumkuss

Neige
<Substantiv, Femininum>
Restinhalt eines Gefäßes

neumodisch
<Adjektiv>
modern

Nietenhose
<Substantiv, Femininum>
Jeans

Nippes
<Substantiv, Maskulinum>
kleine Ziergegenstände, zum Beispiel Figuren

Notdurft
<Substantiv, Femininum>
Ausscheidung von Exkrementen

Obliegenheit
    <Substantiv, Femininum>
    Aufgabe, Pflicht

Obolus
    <Substantiv, Maskulinum>
    kleiner Geldbetrag

Oheim
    <Substantiv, Maskulinum>
    Onkel

Ölgötze
    <Substantiv, Maskulinum>
    jemand, der steif und stumm wirkt, Langweiler

oll
    <Adjektiv>
    schlecht, schlimm

Ostzone
    <Substantiv, Femininum>
    sowjetische Besatzungszone, DDR

Ottomane
    <Substantiv, Femininum>
    Sitzbank ohne Rückenlehne

Panoptikum
<Substantiv, Neutrum>
Kuriositätenkabinett

Pantoffelheld
<Substantiv, Maskulinum>
Ehemann, der sich gegen seine Frau nicht durchsetzen kann

Panzerknacker
<Substantiv, Maskulinum>
Einbrecher, der sich auf das Aufbrechen von Tresoren spezialisiert hat

Paradiesvogel
<Substantiv, Maskulinum>
auffallender Mensch

Parkuhr
<Substantiv, Femininum>
Säule mit Uhr am Straßenrand, die je nach eingeworfener Geldmenge die erlaubte Restparkdauer anzeigt

parlieren
<Verb>
sich unterhalten

Parvenü
<Substantiv, Maskulinum>
Neureicher, Emporkömmling

Paternoster
<Substantiv, Maskulinum>
Aufzug mit türlosen Kabinen

Patzer
<Substantiv, Maskulinum>
kleines Missgeschick

Pauker
<Substantiv, Maskulinum>
Lehrer

Pein
<Substantiv, Femininum>
großer Schmerz, Qual

pekuniär
<Adjektiv>
das Geld betreffend

Penne
<Substantiv, Femininum>
Gymnasium

Penunze
<Substantiv, Femininum>
Geld

perdu
<Adjektiv>
verloren, nicht mehr da

Perron
<Substantiv, Maskulinum>
Bahnsteig

Persilschein
<Substantiv, Maskulinum>
Entlastungsbezeugung

Peterwagen
<Substantiv, Maskulinum>
Polizeiwagen, Streifenwagen

Petticoat
<Substantiv, Maskulinum>
weiter, steifer Unterrock

Petting
<Substantiv, Neutrum>
sexuelle Handlungen zwischen zwei Menschen
ohne Geschlechtsverkehr

Pfennig
<Substantiv, Maskulinum>
wertärmste Münze Deutschlands vor der Ein-
führung des Euros

pflichtschuldigst
<Adverb>
wie es sich gehört, wie es erwartet wird

piepe
  <Adjektiv>
  egal

piesacken
  <Verb>
  länger anhaltend ärgern oder quälen

Pimpf
  <Substantiv, Maskulinum>
  kleiner Junge

Pipapo
  <Substantiv, Neutrum>
  Drum und dran

Pipifax
  <Substantiv, Maskulinum>
  Kleinkram, überflüssiges Zeug

plänkeln
  <Verb>
  spaßhaft leicht streiten

plätten
  <Verb>
  bügeln

Plörre
  <Substantiv, Femininum>
  dünnes oder geschmackloses Getränk

Pomade
<Substantiv, Femininum>
Fett für die Haar- oder Körperpflege

Popper
<Substantiv, Maskulinum>
gepflegter und modisch gekleideter Jugendlicher, der gerne konsumiert

Possenreißer
<Substantiv, Maskulinum>
Spaßvogel, Komiker

postulieren
<Verb>
etwas als wahr hinstellen

Potpourri
<Substantiv, Neutrum>
Zusammenstellung bekannter Melodien

prächtig
<Adjektiv>
schön und aufwendig gestaltet

Prachtkerl
<Substantiv, Maskulinum>
Mensch, der wie gewünscht ist

Prahlhans
<Substantiv, Maskulinum>
Angeber, jemand der übertrieben auf seine Fähigkeiten oder sein Eigentum hinweist

Preziosen
<Substantiv, Femininum>
Schmuck, Geschmeide

Privatier
<Substantiv, Maskulinum>
Mensch, der nicht darauf angewiesen ist, arbeiten zu müssen

privatim
<Adverb>
persönlich, nicht öffentlich

Promenade
<Substantiv, Femininum>
breiter Weg für Spaziergänge

Promenadenmischung
<Substantiv, Femininum>
ein aus einer ungeplanten Kreuzung entstandener Mischlingshund

proper
<Adjektiv>
ordentlich, gepflegt

Prospekt
<Substantiv, Maskulinum und Neutrum>
Faltblatt mit Werbung in Text und Bild

Pullunder
<Substantiv, Maskulinum>
ärmelloser Pullover

Pumpernickel
<Substantiv, Maskulinum>
dunkles Brot aus Roggenschrot

Putzmacherin
<Substantiv, Femininum>
Fertigerin von Kopfbedeckungen für Frauen

Quacksalber
<Substantiv, Maskulinum>
unfähiger Arzt

quirlig
<Adjektiv>
lebhaft, aufgedreht

Quizmaster
<Substantiv, Maskulinum>
jemand, der ein Frage-Antwort-Spiel leitet

Rabattheft

<Substantiv, Neutrum>
Heft, in dem die bei einem Kauf erhaltenen Klebemarken eingeklebt werden und das, wenn es voll ist, gegen Geld oder vergünstigte Artikel eingetauscht werden kann.

Rabauke

<Substantiv, Maskulinum>
jemand, der sich grob und laut verhält

Racker

<Substantiv, Maskulinum>
Unfug anstellendes Kind

rackern

<Verb>
schwer arbeiten

Radau

<Substantiv, Maskulinum>
Krach, Lärm

radebrechen

<Verb>
etwas mühsam und fehlerhaft in einer fremden Sprache ausdrücken

Radfahrer
<Substantiv, Maskulinum>
jemand, der sich gegenüber seinem Chef unterwürfig verhält

Radiator
<Substantiv, Maskulinum>
beweglicher Heizkörper

Range
<Substantiv, Maskulinum und Femininum>
übermütiges Kind

Rappel
<Substantiv, Maskulinum>
plötzlich auftretende und eigenartige Idee

Ratzefummel
<Substantiv, Maskulinum>
Radiergummi

Raucherabteil
<Substantiv, Neutrum>
Bereiche in Zügen, in denen geraucht werden darf

Rauchwaren
<Substantiv, Femininum>
Pelzwaren

Raufbold
<Substantiv, Maskulinum>
jemand, der oft und gerne mit anderen kämpft

raunzen
<Verb>
jammern, nörgeln

rebeln
<Verb>
zerreiben (meist von Kräutern), so dass etwas gröbere Stücke übrig bleiben

Rechenschieber
<Substantiv, Maskulinum>
mechanisches Rechenhilfsmittel

rechtschaffen
<Adjektiv>
die Gesetze achtend; sehr, außerordentlich

redlich
<Adjektiv>
aufrichtig, verlässlich

Refektorium
<Substantiv, Neutrum>
Speisesaal

Reifrock
<Substantiv, Maskulinum>
Rock, der durch Reifen, beispielsweise aus Fischbein weitgehalten wird

Reigen
<Substantiv, Maskulinum>
Kreistanz mit Gesang

Remise
<Substantiv, Femininum>
an ein Haus angebaute Garage

Remmidemmi
<Substantiv, Neutrum>
lärmiges Durcheinander, ausgelassenes Treiben

Rendezvous
<Substantiv, Neutrum>
romantische Verabredung

Rennpappe
<Substantiv, Femininum>
umgangssprachlich in der DDR für den Trabant (Auto)

Reputation
<Substantiv, Femininum>
guter Ruf, guter Leumund

respektierlich
<Adjektiv>
ansehnlich, respektabel

Revue
<Substantiv, Femininum>
Bühnenstück mit Tanz und Gesang

Riechsalz
<Substantiv, Neutrum>
belebendes Mittel bei Ohnmacht

Ringelpiez
<Substantiv, Maskulinum>
geselliger Tanz

Röhrenempfänger
<Substantiv, Maskulinum>
Rundfunkempfangsgerät, Radio

Rollfilm
<Substantiv, Maskulinum>
Film für Fotografien, der auf eine Spule gerollt ist.

Rollschuh
<Substantiv, Maskulinum>
Schuh, an dem zum Zweck der Fortbewegung Rollen montiert sind

Rothaut
   <Substantiv, Femininum>
   Indianer

Rotzbremse
   <Substantiv, Femininum>
   Oberlippenbart, Schnurrbart

Rotzlöffel
   <Substantiv, Maskulinum>
   freches, arrogantes Kind

Rowdy
   <Substantiv, Maskulinum>
   rüpelhafter, junger Mann

Rubensfigur
   <Substantiv, Femininum>
   üppige Figur einer Frau

rundweg
   <Adverb>
   unmissverständlich

Rüpel
   <Substantiv, Maskulinum>
   unhöflicher und gewaltbereiter Mann

Sahneschnitte
  <Substantiv, Femininum>
  attraktiver Mensch

Salär
  <Substantiv, Neutrum>
  Lohn, Gehalt

salbadern
  <Verb>
  vortragsartig vor sich her reden

Sauciere
  <Substantiv, Femininum>
  Gefäß, meist aus Porzellan, in dem Saucen serviert werden; Teil des Tischgedecks

sauertöpfisch
  <Adjektiv>
  schlecht gelaunt

saumselig
  <Adjektiv>
  sich für eine Tätigkeit viel Zeit lassend

Sause
  <Substantiv, Femininum>
  ausgelassene Feier

Schabernack
<Substantiv, Maskulinum>
lustiger Streich

schäbig
<Adjektiv>
abgenutzt, verschlissen

Schabracke
<Substantiv, Femininum>
altes Pferd; alte Frau

Schäferstündchen
<Substantiv, Neutrum>
intimes Treffen von Verliebten, bei dem Zärtlichkeiten ausgetauscht werden

Schar
<Substantiv, Femininum>
Gruppe, Ansammlung

Scharade
<Substantiv, Femininum>
Wortratespiel

Scharmützel
<Substantiv, Neutrum>
Handgemenge, kleines Gefecht

scharwenzeln
<Verb>
sich auffällig in der Nähe einer Person aufhalten

Schatulle
<Substantiv, Femininum>
Kästchen, in dem beispielsweise Schmuck aufbewahrt wird

schaudern
<Verb>
frösteln

Schaukelpferd
<Substantiv, Neutrum>
Holzpferd, auf dem Kinder sitzen und schaukeln können

Schaumschläger
<Substantiv, Maskulinum>
Angeber, Prahler

scheckig
<Adjektiv>
mit hellen Flecken im dunklen Fell

Schelle
<Substantiv, Femininum>
Ohrfeige

schellen
    <Verb>
    klingeln, läuten

Schelm
    <Substantiv, Maskulinum>
    Spaßvogel, scherzender Mensch

Schemel
    <Substantiv, Maskulinum>
    Hocker, kleine Bank

Scherflein
    <Substantiv, Neutrum>
    kleiner Geldbetrag

Scherge
    <Substantiv, Maskulinum>
    Person, die Aufträge oder Meinungen einer
    Macht mit Gewalt durchsetzt

Scherzbold
    <Substantiv, Maskulinum>
    jemand, der Späße macht

Scheuerfrau
    <Substantiv, Femininum>
    Putzfrau, Reinemachefrau

Scheusal
<Substantiv, Neutrum>
abstoßender Mensch

schickimicki
<Adjektiv>
betont modisch

schicklich
<Adjektiv>
den gesellschaftlichen Gegebenheiten angemessen

Schieber
<Substantiv, Maskulinum>
Schwarzmarkthändler

Schiebermütze
<Substantiv, Femininum>
barettähnliche, flache Schirmkappe

Schienenbus
<Substantiv, Maskulinum>
Zug, dessen Wagen optisch einem Bus ähneln

Schifferklavier
<Substantiv, Neutrum>
Akkordeon

Schiffschaukel
<Substantiv, Femininum>
große Schaukel auf Volksfesten, deren Form einem Schiffsrumpf nachempfunden ist

Schlafittchen
<Substantiv, Neutrum>
Hemd- oder Jackenkragen

Schlamassel
<Substantiv, Maskulinum und Neutrum>
verfahrene Situation, schwierige Lage

Schlawiner
<Substantiv, Maskulinum>
pfiffiger, gerissener Mensch

schlechterdings
<Adverb>
geradezu

schleunig
<Adjektiv>
schnell, mit hoher Geschwindigkeit

schlottern
<Verb>
zittern

schludern
<Verb>
pfuschen, vernachlässigen

Schlüpfer
<Substantiv, Maskulinum>
Unterhose

Schmach
<Substantiv, Femininum>
große Kränkung

schmähen
<Verb>
schlechtmachen, verächtlich über jemand reden

Schmaus
<Substantiv, Maskulinum>
gutes, üppiges Essen

schmeicheln
<Verb>
Dinge sagen, die der Gesprächspartner gerne hört

schmollen
<Verb>
beleidigt schweigen

Schmonzes
   <Substantiv, Maskulinum>
   leeres Geschwätz

schmuck
   <Adjektiv>
   ansprechend aussehend

schnabulieren
   <Verb>
   vergnüglich verzehren

schnauben
   <Verb>
   lautstark durch die Nase atmen

schneidig
   <Adjektiv>
   attraktiv, elegant

schnippisch
   <Adjektiv>
   kurz angebunden, ungezogen

Schnitter
   <Substantiv, Maskulinum>
   Gestalt, die den Tod bringt

schnittig
   <Adjektiv>
   sportlich, rasant

schnurstracks
   <Adverb>
   ohne Umweg

Schnute
   <Substantiv, Femininum>
   verdrossen oder enttäuscht verzogener Mund

Schrapnelle
   <Substantiv, Femininum>
   merkwürdige, alte Frau

Schreibmaschine
   <Substantiv, Femininum>
   manuell bedienbares Gerät zum Schreiben von
   Texten

schrullig
   <Adjektiv>
   wunderlich, verschroben

Schuppen
   <Substantiv, Maskulinum>
   Holzbau zum Unterstellen

schurigeln
   <Verb>
   jemand über längere Zeit schikanieren oder
   quälen

Schurke
<Substantiv, Maskulinum>
böser, gemeiner Mensch

Schutzmann
<Substantiv, Maskulinum>
Polizist, der Streife geht

Schwindsucht
<Substantiv, Femininum>
Lungentuberkulose

schwofen
<Verb>
tanzen

Schwulitäten
<Substantiv, Pluralwort>
Schwierigkeiten, peinliche Situationen

Seemannsgarn
<Substantiv, Neutrum>
übertriebene oder unwahre Erzählung eines Seemanns

Silberblick
<Substantiv, Maskulinum>
etwas schielender Blick

simpel
  <Adjektiv>
  einfach, schlicht

sinnieren
  <Verb>
  über etwas nachdenken

Siphon
  <Substantiv, Maskulinum und Neutrum>
  Gerät, mit dem sich Flüssigkeiten mit Kohlen-
  säure versetzen lassen

Snob
  <Substantiv, Maskulinum>
  jemand, der andere Menschen herablassend
  behandelt

Sonntagsbraten
  <Substantiv, Maskulinum>
  für das Essen am Sonntag zubereiteter Braten,
  besonders zu Zeiten, als man sich nur einmal
  in der Woche Fleisch leisten konnte

spähen
  <Verb>
  Ausschau halten

Sparbuch
<Substantiv, Neutrum>
kleines Heft, in dem eine Bank ein- und ausgezahlte Geldbeträge quittiert

Spargeltarzan
<Substantiv, Maskulinum>
sehr dünner Mann oder Junge

Sparstrumpf
<Substantiv, Maskulinum>
Strumpf, in dem Geld angespart wird

Spazierstock
<Substantiv, Maskulinum>
Utensil beim Spaziergang, das keinen praktischen Nutzen hat, sondern lediglich wegen der Optik mitgeführt wird

Spelunke
<Substantiv, Femininum>
Gasthaus mit schlechtem Ruf

Sperenzchen
<Substantiv, Pluralwort>
Schwierigkeiten, die man jemand durch Unterlassung bereitet

spintisieren
<Verb>
seltsamen Gedanken nachgehen

Sponti
   <Substantiv, Maskulinum>
   Angehöriger einer linksorientierten Vereini-
   gung

spornstreichs
   <Adverb>
   sogleich, unverzüglich

Springinsfeld
   <Substantiv, Maskulinum>
   junger, übermütiger Mensch

Spritzenhaus
   <Substantiv, Neutrum>
   Feuerwehrgebäude

spröde
   <Adjektiv>
   schwer zugänglich

Spross
   <Substantiv, Maskulinum>
   Nachkomme (meist männlich)

sputen
   <Verb>
   beeilen

Standpauke
<Substantiv, Femininum>
Strafpredigt

Standuhr
<Substantiv, Femininum>
auf dem Boden stehende Pendeluhr

Stelldichein
<Substantiv, Neutrum>
romantische Verabredung

Steppdecke
<Substantiv, Femininum>
in Felder gegliederte und gefüllte Bettdecke

stippen
<Verb>
etwas kurz in eine Flüssigkeit eintauchen

Stopfei
<Substantiv, Neutrum>
eiförmiger Gegenstand, der beim Stopfen eines
Loches in das Kleidungsstück geschoben wird

Strauchdieb
<Substantiv, Maskulinum>
Gauner, Halunke

Strohwitwer
<Substantiv, Maskulinum>
Ehemann, dessen Frau vorübergehend abwesend ist

stromern
<Verb>
umherziehen, streunen

Stubenmädchen
<Substantiv, Neutrum>
Angestellte eines Haushaltes, die die Räume sauber hält

Stutzer
<Substantiv, Maskulinum>
Modenarr

Suffragetten
<Substantiv, Femininum>
Frauenrechtlerinnen

Tagedieb
<Substantiv, Maskulinum>
nichtstuender Mensch

Tagelöhner
<Substantiv, Maskulinum>
jemand, der regelmäßig nur für einige Tage
bei einem Arbeitgeber arbeitet

Tagesdecke
<Substantiv, Femininum>
Bettüberwurf, der tagsüber das Bett und die
Bettwäsche schützt

Tamagotchi
<Substantiv, Neutrum>
kleines Elektronikspielzeug

Tamtam
<Substantiv, Neutrum>
großes Aufsehen um eine unbedeutende Ange-
legenheit

Tändelei
<Substantiv, Femininum>
Flirt

Tanzbär
<Substantiv, Maskulinum>
dressierter Bär, der bei Vorführungen tanzähn-
liche Bewegungen ausführt

Tanztee
<Substantiv, Maskulinum>
nachmittägliche Tanzveranstaltung

tapfer
<Adjektiv>
mutig, beherzt

Tauchsieder
<Substantiv, Maskulinum>
Handgerät zum Erhitzen von Wasser

Tausendsassa
<Substantiv, Maskulinum>
Mensch mit vielen Begabungen

Technicolor
<Substantiv, Neutrum>
Verfahren zur Herstellung von Farbfilmen

Techtelmechtel
<Substantiv, Neutrum>
heimliche Beziehung zweier Menschen

Teekessel
<Substantiv, Maskulinum>
Behältnis zum Kochen von Teewasser, das
pfeift, wenn das Wasser soweit ist

Telefonbuch
<Substantiv, Neutrum>
Druckwerk, in dem die Telefonnummern von
Teilnehmern zu finden sind

Telefonfräulein
<Substantiv, Femininum>
Mitarbeiterin in einer Telefongesellschaft, die
in Zeiten als es noch keine Direktwahl gab,
die Teilnehmer durch Handvermittlung (Stöp-
seln) miteinander verband

Telefonmast
<Substantiv, Maskulinum>
meist hölzerner Mast, der an der Spitze oberir-
dische Telefonleitungen trägt

Telex
<Substantiv, Neutrum>
Nachricht, die an einer Maschine geschrieben
und über die Telefonleitung gesendet wird

Temperenzler
<Substantiv, Maskulinum>
Anhänger der Abstinenzbewegung

Tender
<Substantiv, Maskulinum>
Vorratswagen für Kohle und Wasser hinter einer Dampflokomotive

Tinnef
<Substantiv, Maskulinum>
wertloser Kram, Unsinn

Tintenfass
<Substantiv, Neutrum>
Behälter zur Aufbewahrung von Tinte

Tippelbruder
<Substantiv, Maskulinum>
Obdachloser

Tischglocke
<Substantiv, Femininum>
kleine Glocke auf einem Tisch, mit der jemand herbeigerufen werden kann

Tohuwabohu
<Substantiv, Neutrum>
wirres Durcheinander

Toilettentisch
<Substantiv, Maskulinum>
Schminktisch mit angebrachtem Spiegel

Tolle
<Substantiv, Femininum>
Haarsträhne, die in die Stirn fällt

Tornister
<Substantiv, Maskulinum>
Schulranzen

transusig
<Adjektiv>
schwerfällig, lustlos

Tretmühle
<Substantiv, Femininum>
immer gleicher Tagesablauf

trimmen
<Verb>
sich fit halten

Trockenhaube
<Substantiv, Femininum>
Heißluftgerät zum Trocknen der Haare, das
beim Friseur meist bei Frauen über den Kopf
gestülpt wird

Tropfenfänger
<Substantiv, Maskulinum>
am Ausguss einer Kaffeekanne angebrachtes
Schwämmchen zum Auffangen herabfallender
Tropfen

Tugendbold
<Substantiv, Maskulinum>
jemand, der Wert auf sein moralisch einwand-
freies Verhalten legt

Tunichtgut
<Substantiv, Maskulinum>
Mensch, der Unsinn macht

türken
<Verb>
vortäuschen, fälschen

turteln
<Verb>
flirten, Zärtlichkeiten austauschen

Tweedrock
<Substantiv, Maskulinum>
Rock aus grobem Wollgarn

Überschwang
<Substantiv, Maskulinum>
übermäßiges Gefühl

Überseekoffer
<Substantiv, Maskulinum>
truhenartiger Koffer, der früher bei langen Schiffsreisen oder bei Auslandsreisen mitgeführt wurde

Ulk
<Substantiv, Maskulinum>
Spaß, Schabernack

Ultimo
<Substantiv, Maskulinum>
letzter Tag eines Monats

umgarnen
<Verb>
jemandem schmeicheln, um ihn dadurch für sich zu gewinnen

Umstandskrämer
<Substantiv, Maskulinum>
umständlich vorgehender Mensch

Unaussprechliche
<Substantiv, Femininum>
Unterhose

unflätig
<Adjektiv>
gegen Anstand und gutes Benehmen versto-
ßend

Ungemach
<Substantiv, Neutrum>
Unannehmlichkeit, Schwierigkeit

Unhold
<Substantiv, Maskulinum>
böser Mensch

Unrat
<Substantiv, Maskulinum>
Müll, Schmutz

Unterrock
<Substantiv, Maskulinum>
einem Rock ähnliches Kleidungsstück, das un-
ter dem Rock getragen wird

uzen
<Verb>
sich über jemand einen Scherz erlauben

Vagabund
<Substantiv, Maskulinum>
umherziehender Obdachloser

verbrämt
<Adjektiv>
als negativ empfunden

verdattert
<Adjektiv>
verblüfft, verwirrt

verdrossen
<Adjektiv>
missmutig, unzufrieden

Verdruss
<Substantiv, Maskulinum>
Unzufriedenheit, Ärger

verduften
<Verb>
verschwinden, sich entfernen

verdutzt
<Adjektiv>
verblüfft, erstaunt

verhohnepipeln
<Verb>
etwas auf ironische Art lächerlich machen

verkniffen
<Adjektiv>
mit verärgerten Gesichtszügen

vermaledeit
<Adjektiv>
unangenehm, unerfreulich, verwünscht

verschmitzt
<Adjektiv>
pfiffig, listig

verschossen
<Adjektiv>
recht ausgebleicht

verschroben
<Adjektiv>
in Aussehen oder Verhalten eigenartig wirkend

versohlen
<Verb>
verprügeln, verhauen

versonnen
<Adjektiv>
gedankenverloren, träumend

verstockt
<Adjektiv>
uneinsichtig

141

vertrimmen
<Verb>
jemanden verprügeln

verzagt
<Adjektiv>
verzweifelt, resigniert

Vestibül
<Substantiv, Neutrum>
große Eingangshalle

vierschrötig
<Adjektiv>
kräftig, breit, grob

Vogelbauer
<Substantiv, Maskulinum und Neutrum>
Vogelkäfig

Vogelschau
<Substantiv, Femininum>
Vogelperspektive, beispielsweise bei Luftbildern

Volksempfänger
<Substantiv, Maskulinum>
während der Nazidiktatur ein Radiogerät, das Mittel- und Langwelle empfangen konnte und der Propaganda diente

vorschützen
　　<Verb>
　　als Ausrede angeben

Wackeldackel
<Substantiv, Maskulinum>
Nachbildung eines Dackels aus Kunststoff, deren Kopf wackeln kann

wacker
<Adjektiv>
mutig, tüchtig

Wagenschlag
<Substantiv, Maskulinum>
Tür eines Autos oder einer Kutsche

Wählscheibe
<Substantiv, Femininum>
Bedienelement von Telefonen, um eine Telefonnummer einzugeben

Währungsreform
<Substantiv, Femininum>
große Änderung bei der Währung eines Landes

Walkman
<Substantiv, Maskulinum>
tragbares Abspielgerät für Musikkassetten

Walz
<Substantiv, Femininum>
Wanderjahre von Gesellen

Wanst
<Substantiv, Maskulinum>
dicker Bauch

Wäscheleine
<Substantiv, Femininum>
Leine zum Aufhängen nasser Wäsche

Wechsel
<Substantiv, Maskulinum>
Papier, mit dem man zu einer Zahlung an
einen Gläubiger verpflichtet wird

Wegelagerer
<Substantiv, Maskulinum>
Räuber, Dieb

Weib
<Substantiv, Neutrum>
Frau

weidlich
<Adjektiv>
reichlich, in hohem Maße

weiland
<Adverb>
früher, damals

wienern
   \<Verb\>
   polieren, putzen

Wildfang
   \<Substantiv, Maskulinum\>
   lebhaftes Mädchen

Windbeutel
   \<Substantiv, Maskulinum\>
   leichtlebiger Mensch

Windei
   \<Substantiv, Neutrum\>
   Versager

Winkeladvokat
   \<Substantiv, Maskulinum\>
   listiger Rechtsanwalt mit schlechtem Ruf

Winker
   \<Substantiv, Maskulinum\>
   Fahrtrichtungsanzeiger an einem Auto

Winterschule
   \<Substantiv, Femininum\>
   Schule für die Kinder von Landwirten, in der
   nur im Winter unterrichtet wurde

wirsch
<Adjektiv>
verärgert

Wirtschaft
<Substantiv, Femininum>
Gasthaus, Kneipe

Wochenschau
<Substantiv, Femininum>
Nachrichtenzusammenstellung, die wöchent-
lich neu zusammengestellt wurde und im im
Vorprogramm zu einem Hauptfilm im Kino
gezeigt wurde

Wohlfahrt
<Substantiv, Femininum>
Sozialhilfe

wohlgefällig
<Adjektiv>
angenehm, gefallend

Wollust
<Substantiv, Femininum>
sexuelle Begierde

wund
<Adjektiv>
entzündet, gerötet (Haut)

Xanthippe

<Substantiv, Femininum>
streitsüchtige Frau

151

Yankee

<Substantiv, Maskulinum>
Spitzname für US-Amerikaner

Zähre
<Substantiv, Femininum>
Träne

Zampano
<Substantiv, Maskulinum>
jemand, der Erfolg hat und sich wichtig tut

zaudern
<Verb>
unschlüssig zögern

zetern
<Verb>
schimpfen, jammern, nörgeln

Zores
<Substantiv, Maskulinum>
Ärger, Streit

Zosse
<Substantiv, Maskulinum>
altes Pferd

Zuber
<Substantiv, Maskulinum>
großes Gefäß, ähnlich einem oben offenen Fass

Zugehfrau
<Substantiv, Femininum>
bezahlte Haushaltshilfe

Zündholz
<Substantiv, Neutrum>
Streichholz

zungenfertig
<Adjektiv>
redegewandt

zürnen
<Verb>
sich über jemanden ärgern

Zwickel
<Substantiv, Maskulinum>
keilförmiger Stoffstreifen, der in ein Kleidungsstück eingesetzt wird

Zwicker
<Substantiv, Maskulinum>
Brille ohne Bügel

Fehlt hier in Wort?

Auf www.wortinfo.de/alte_woerter.php haben Sie die Möglichkeit, fehlende Wörter für eine Aufnahme vorzuschlagen. Sollten dabei genug neue Einträge zusammenkommen, wird es ganz sicher einen zweiten Band dieses Lexikons geben. Seien Sie also gespannt.

Vom gleichen Autor:

Protestwähler und die AfD
(ISBN 978-3743167186)